Инна Светлова

ЛОГИКА

Иллюстрации Елены Мельниковой

ЭКСМО
МОСКВА
2010

Уважаемые взрослые!

Успешное обучение детей в начальной школе зависит от уровня развития мышления ребенка, умения обобщать и систематизировать свои знания, творчески решать различные проблемы.

Предложенные в книге игры и задания разовьют у детей умение мыслить с помощью таких логических приемов, как анализ, синтез, сравнение, обобщение, классификация, умозаключения, систематизация, сериация, отрицание, ограничение. В начале каждой темы дана информация для педагогов и родителей, которая раскрывает цели и задачи упражнений и заданий данной темы.

Дошкольный возраст — это период, когда основная деятельность малыша — игра. В игре проще усваиваются знания, умение, навыки, при помощи игровой ситуации легче привлечь внимание ребенка, он лучше запоминает материал, поэтому все задания в нашей книге носят игровой, занимательный характер.

Обращайте внимание на развитие речи вашего малыша: важно не только найти правильное решение, но и доказать, обосновать свой выбор. Помните, что занятия должны проходить при хорошем эмоциональном настрое. Если ребенок испытывает трудности при выполнении задания, помогите ему, объясните задание, проверьте правильность его выполнения. Будьте терпеливы и доброжелательны — и тогда все у вас получится! Следует помнить, что даже самая мудрая книжка не в состоянии заменить ребенку-дошкольнику общение со взрослым, так как дети этого возраста еще не «созрели» для самостоятельного обучения. Задача взрослого — объяснить задание, деликатно контролировать ход выполнения и, если возникнет необходимость, незаметно для ребенка вносить коррективы. В ваших силах увлечь ребенка и превратить процесс обучения в увлекательную игру. Помните, что в этом возрасте длительность занятия не должна превышать 25—30 минут. Не допускайте переутомления малыша.

Желаем успехов в занятиях вам и вашим детям!

Информация для взрослых

Анализ — это процесс расчленения целого на части, а также установление связей, отношений между ними.
Синтез — это процесс мысленного соединения в единое целое частей предмета или его признаков, полученных в процессе анализа. Анализ и синтез неразрывно связаны друг с другом и являются одними из основных мыслительных операций. Дети 5—7 лет способны овладеть основами.

Из предметов, расположенных в нижнем ряду каждой картинки, выбери недостающий предмет для картинки верхнего ряда. Постарайся объяснить, почему ты выбрал именно этот предмет. Почему другие предметы не подходят?

Например, вместо знака вопроса нужно поставить щенка, так как у кошки детёныш котёнок, а у собаки детёныш — щенок, остальные предметы не подходят.

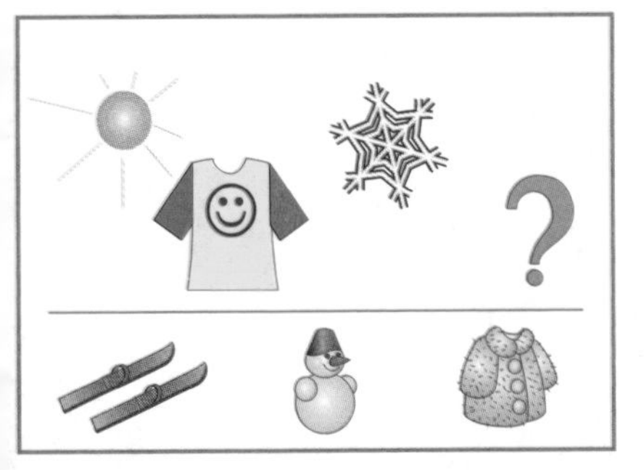

Первые два слова находятся между собой в определённой связи, между третьим и одним из предложенных трёх слов существуют такие же отношения.

Найди в этих заданиях подходящее четвёртое слово. Объясни свой выбор.

Например:

МОРКОВЬ — ОГОРОД

ЯБЛОНЯ — ... (ДЕРЕВО, САД, ЯБЛОКО)

Морковь растёт в огороде, а яблоня — в саду, значит, подходящее слово — сад.

• ПТИЦА — ГНЕЗДО
МЕДВЕДЬ — ... (БЕРЛОГА, ДЕРЕВО, МЁД)

• АВТОБУС — ТРАНСПОРТ
ТЮЛЬПАН — ... (КЛУМБА, ЛЕЙКА, ЦВЕТОК)

• ЛОШАДЬ — ЖЕРЕБЁНОК
КОРОВА — ... (МОЛОКО, ДОИТЬ, ТЕЛЁНОК)

• КРЕСЛО — СИДЕТЬ
КРОВАТЬ — ... (СТОЯТЬ, ЛЕЖАТЬ, ЗАПРАВЛЯТЬ)

• ДЕРЕВО — СТВОЛ
ЦВЕТОК — ... (БАБОЧКА, ЛЕТО, СТЕБЕЛЬ)

• СОЛНЦЕ — ДЕНЬ
ЛУНА — ... (НОЧЬ, ЗВЕЗДА, НЕБО)

• САХАР — ЧАЙ
СОЛЬ — ... (ЛОЖКА, КРУПА, СУП)

• РЫБА — ЧЕШУЯ
СОБАКА — ... (ЛАЯТЬ, КОНУРА, ШЕРСТЬ)

Из предложенных фигур выбери только те, которые использованы при составлении картинки. Покажи и назови те фигуры, которые оказались лишними.

Подбери к каждому сарафану соответствующий кармашек. Объясни свой выбор.

Подбери подходящие крышечки к этим кастрюлям.

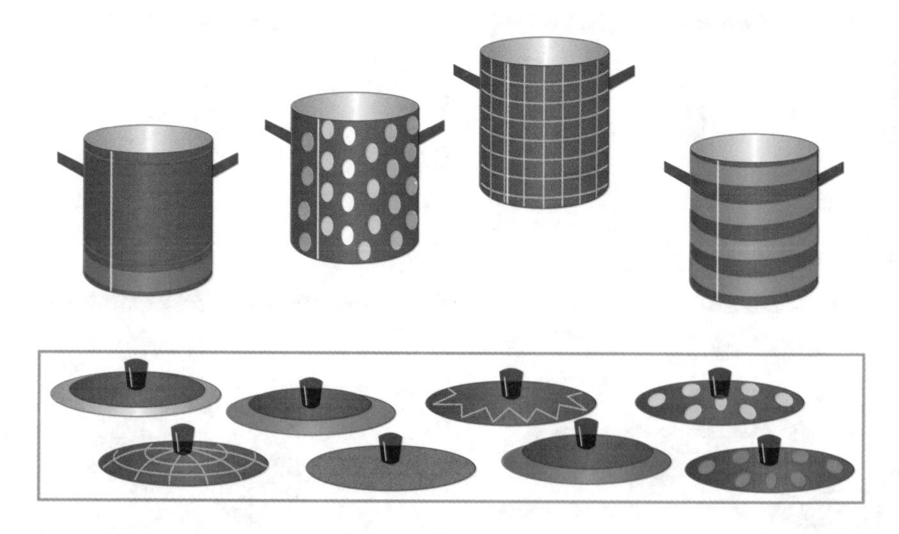

Подбери противоположный по смыслу предмет. Объясни свой выбор.

Выбери нужный ответ к каждому из предметов. Объясни свой выбор.

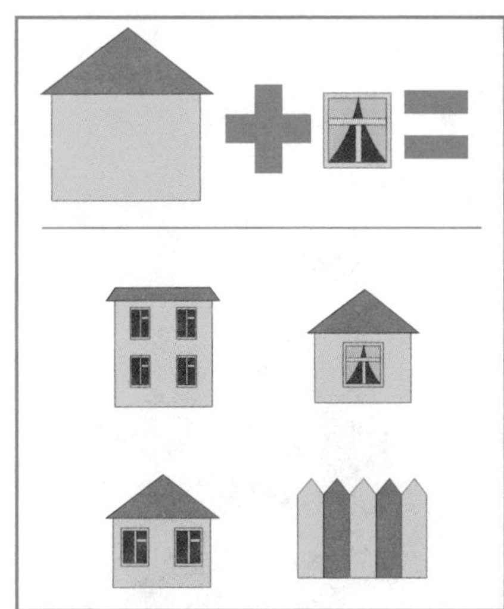

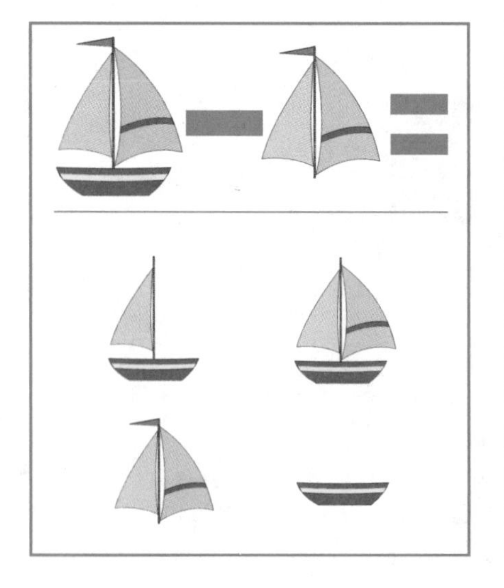

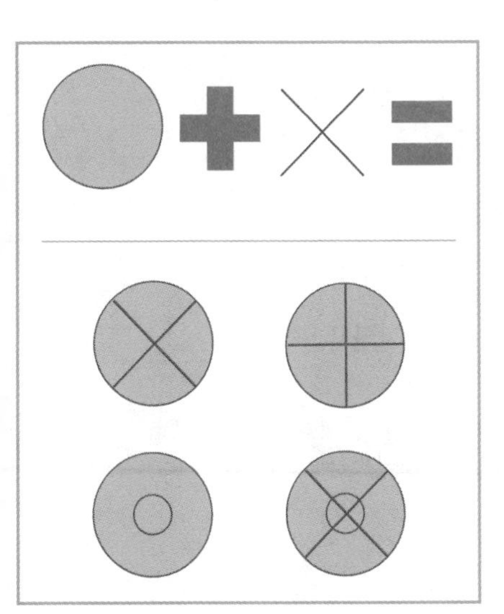

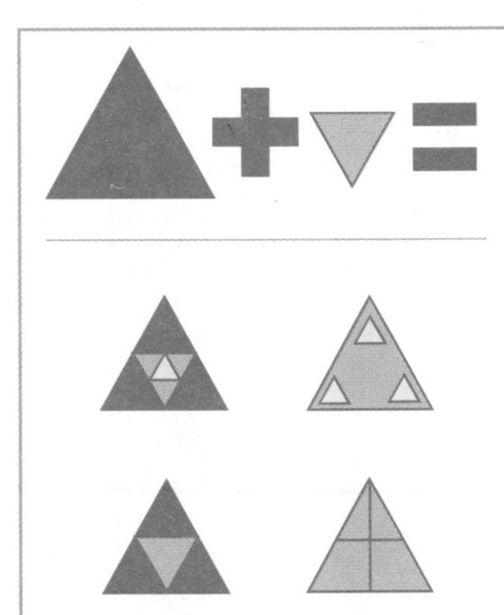

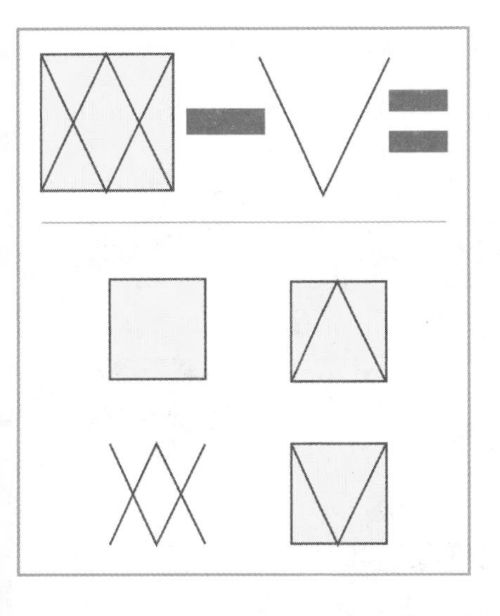

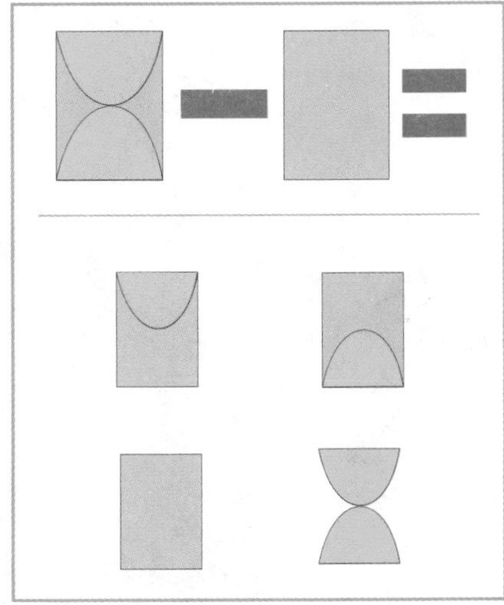

Составь слова, переставив буквы.

РАШ
СРЫ
АЗЦЯ
ЛОНС
ОДМ
АРК
НОЗТ
БГРИ
КШОАК
ЕЧПАЛ
СМУКА
УАКРЧ

Составь слово из первых слогов данных слов.

КОЛОС	ТАРАКАН	РАНА
РОТА	КОСА	БАНКА
ВАЗА	ЛОТО	КОЛЕСО
МОЛОКО	БОКСЁР	ЛЕТО
НЕВОД	БАРАН	СОБАКА

Составь слово, взяв по одному слогу из данных слов.

ПУГОВИЦА	ПОВОРОТ	ПУЛОВЕР
МОЛОТОК	КОРОНА	ПАЛЬТО
ЛАВА	КАНАВА	БИЛЕТ
МУКА	УКОР	КОЛЕСО
РАМА	БУЗИНА	ВЕСЛО
ДИВАН	ТИНА	СУХОВЕЙ

Информация для взрослых

Сравнение — мысленное установление сходства и различия предметов по существенным или несущественным признакам.
Ребенок старшего дошкольного возраста должен уметь сравнивать, выделяя сначала наиболее существенные признаки сходства и различия, а также видеть разницу между признаками сходства и признаками различия.

Сравни картинки. Чем они похожи и чем отличаются?

Сравни между собой похожие рисунки. Назови сходства и различия.

Сравни количество предметов в рамочках. Где предметов больше, а где меньше?

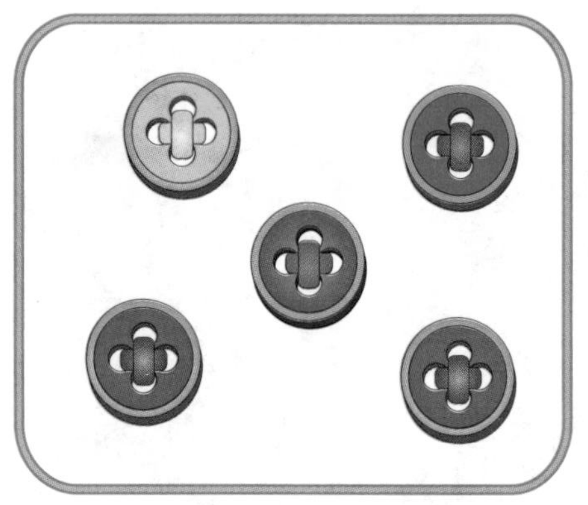

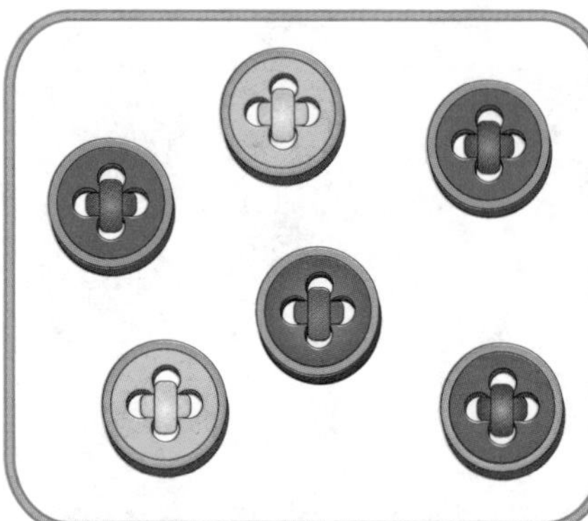

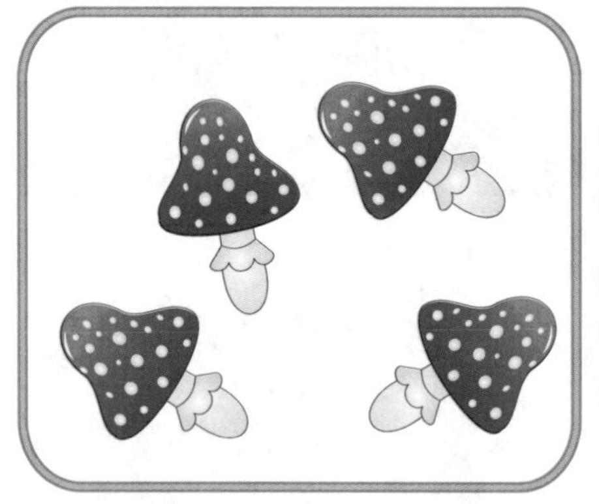

Найди картинку с самым маленьким грибком.

Найди картинку с самым высоким деревом.

Покажи картинку с самым низким забором.

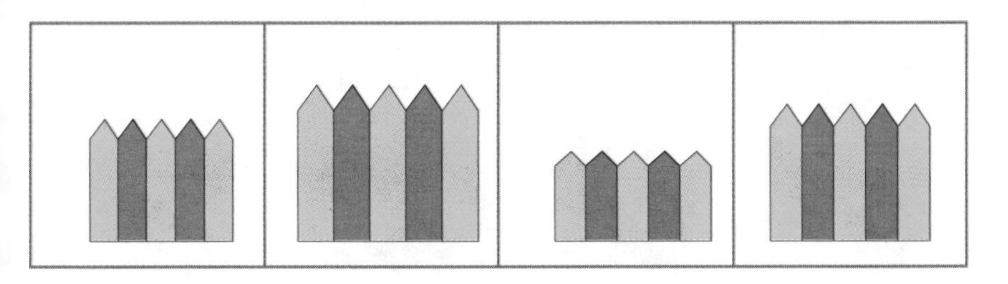

На какой из картинок одна из птиц летит ниже других?

Покажи на картинке шарик средней величины.

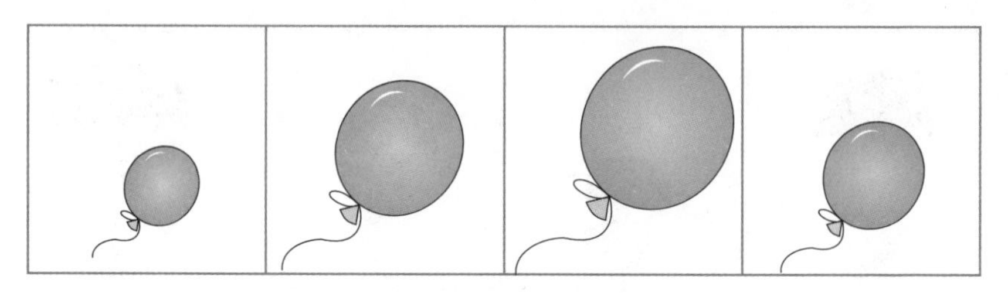

Покажи картинку, где одна из рыбок плывёт глубже других.

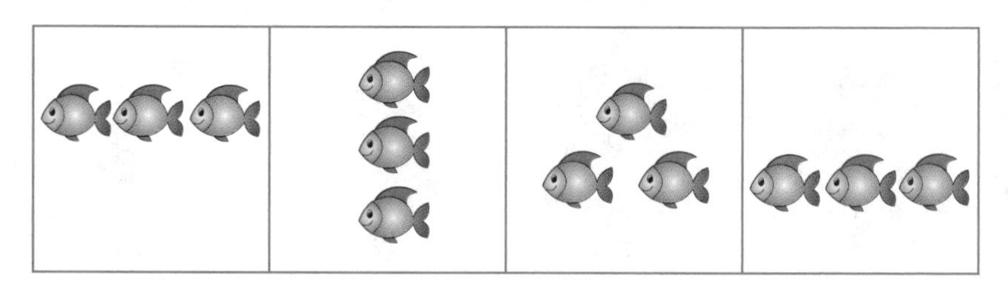

На какой из картинок нарисован самый длинный карандаш?

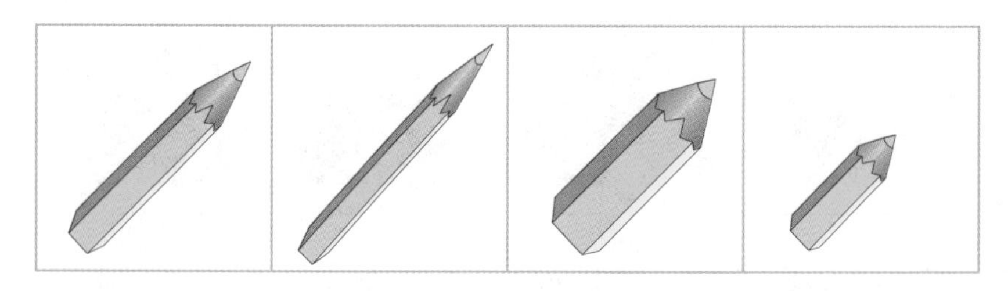

У какой девочки самая длинная юбка?

Найди в каждом ряду точно такой же предмет, как первый.

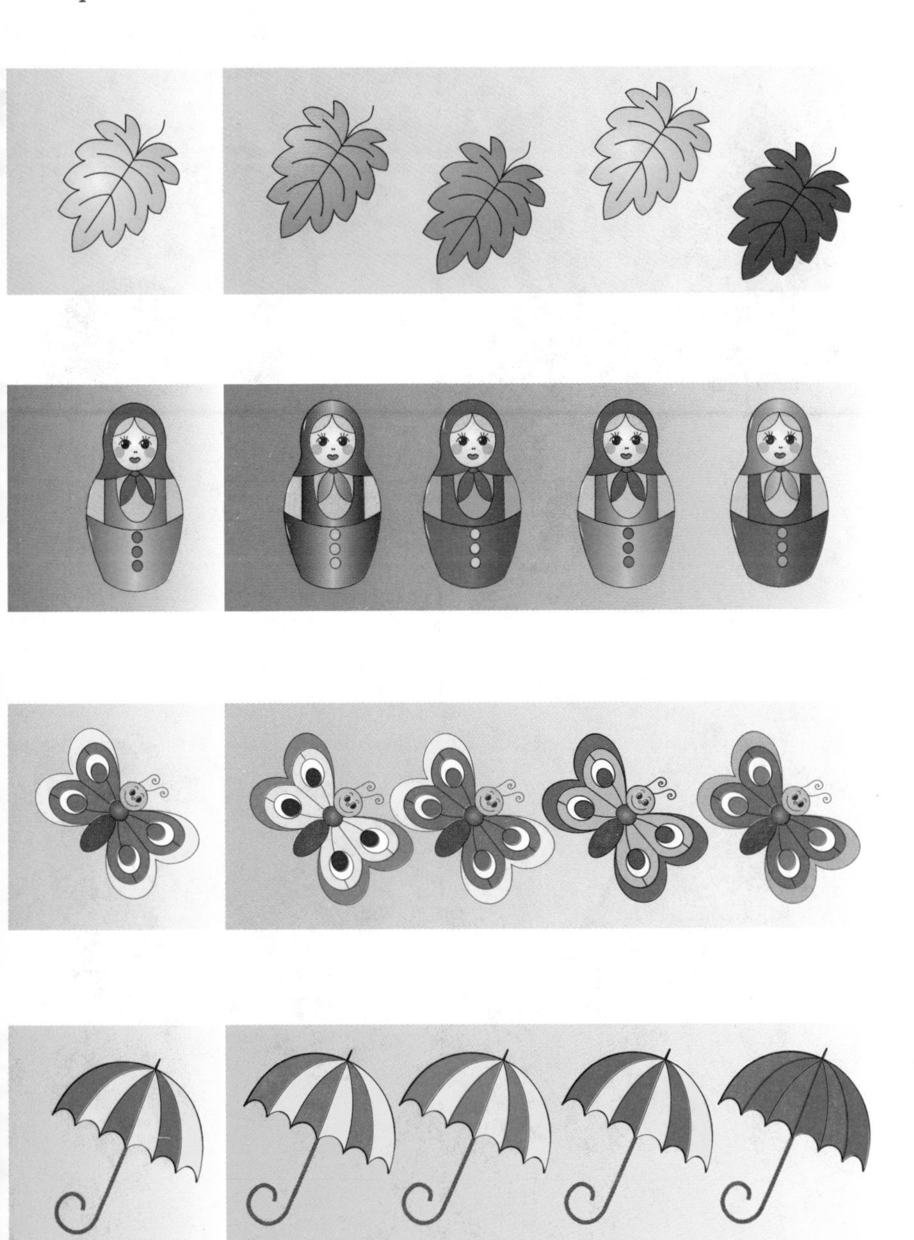

Сравни предметы каждой группы. Что у них общего и чем они отличаются друг от друга?

Каждому узору найди пару.

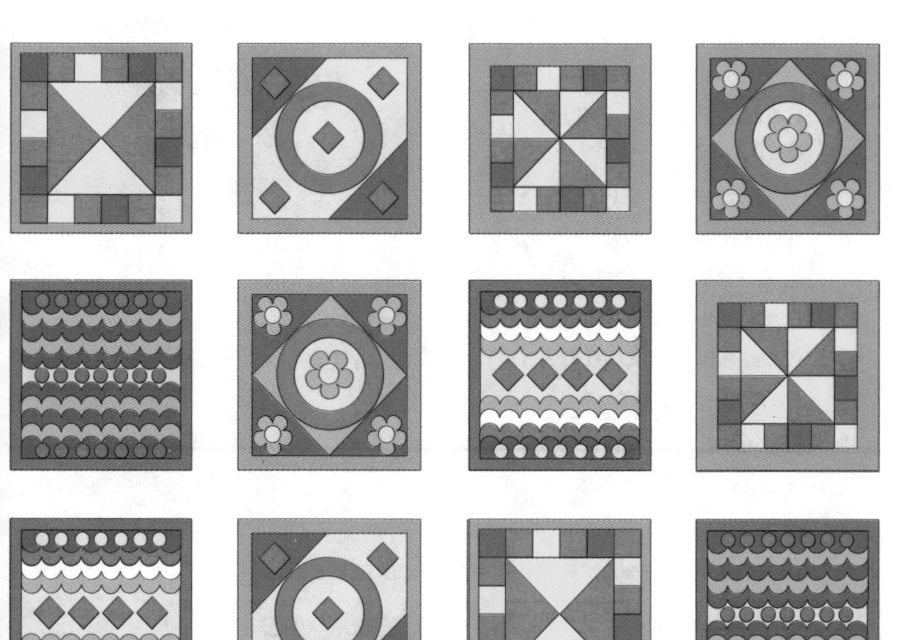

Найди пару каждой фигуре.

Сравни предметы между собой. Скажи, чем они похожи и чем отличаются.

ТЕЛЕВИЗОР И ШКАФ
САМОЛЁТ И ПТИЦА
КАРАНДАШ И РУЧКА
ЛУЖА И РУЧЕЁК
БРЕВНО И ТРУБА
САПОГИ И НОСКИ
ПИАНИНО И СКРИПКА
ЧАЙНИК И ТАРЕЛКА
ЯБЛОКО И МЯЧ
ДЕВОЧКА И КУКЛА
ЧАСЫ И ТЕРМОМЕТР

Какими звуками отличаются слова?

СТОЛ — СТУЛ
ПАЛЬЧИК — МАЛЬЧИК
ЖУК — ЛУК
ГАЛКА — ПАЛКА
ШЁЛ — ШИЛ
КОЛЯ — ПОЛЯ
ШАР — МАЛ
КОШКА — МОШКА

ТЕНЬ — ЛЕНЬ
ЧАШКИ — ШАШКИ
ТУЧКА — ТОЧКА
МИШКА — ШИШКА
СЫР — СОР
ПОЛ — ГОЛ
МАК — БАК
ВРАЧ — ГРАЧ

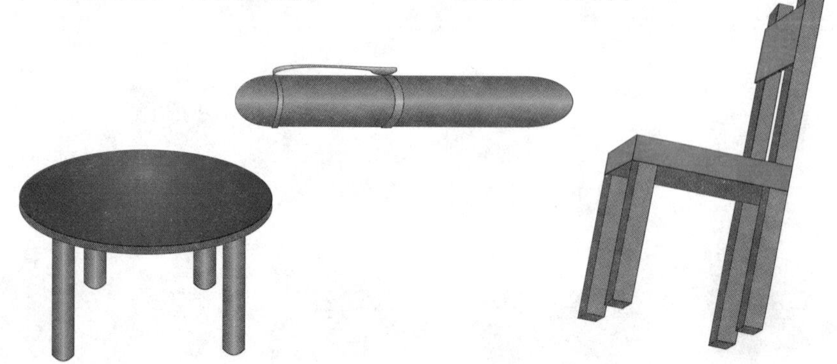

Информация для взрослых

Сериация — мысленное установление связи между предметами и расположением их в определенной последовательности. Дети 5—7 лет уже способны выстраивать сериационные ряды, самостоятельно объясняя связи между предметами.

Посмотри внимательно — в каждом ряду рисунки расположены по определённым правилам. Попробуй угадать, какой рисунок должен быть в пустой клетке.

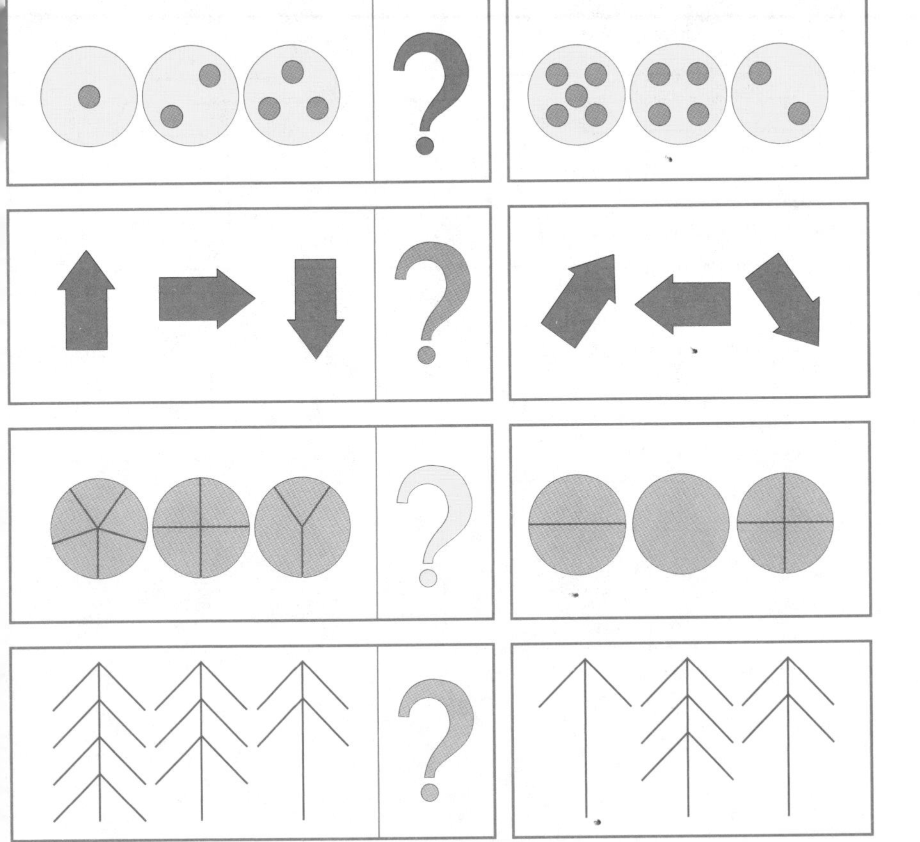

Рассмотри рисунки. Что было сначала, а что потом? Назови по порядку.

Информация для взрослых

Ограничение — это выделение одного или нескольких предметов из группы по определенным признакам. Эти признаки могут оговариваться заранее, или ребенок должен их установить самостоятельно. Ребенок старшего дошкольного возраста может пользоваться операцией ограничения, если ему предлагаются специальные задания, подобные приведенным в этом разделе.

Обведи зелёной линией только белых зайчиков, а красной линией только зайчиков с морковками. Какие зайчики оказались обведены и той, и другой линией?

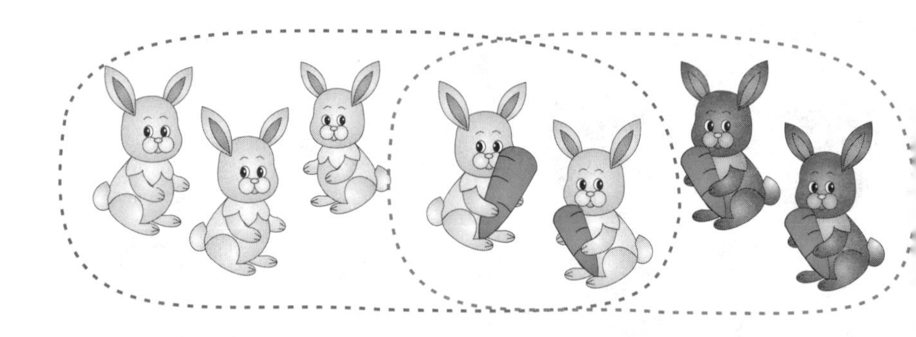

Обведи жёлтой линией только круглые шарики, синей линией — только красные шарики. Какие шары оказались обведены сразу двумя линиями?

Обведи красной линией только девочек в красных блузках, а синей линией — только девочек в синих юбках. Какие девочки оказались обведены сразу двумя линиями?

Обведи чёрной линией все треугольные флажки, а красной — все зелёные. Какие флажки оказались обведены и той, и другой линией?

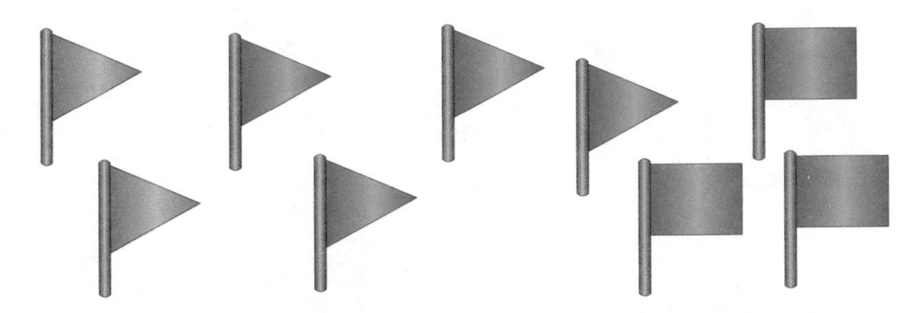

Обведи жёлтой линией все тюльпаны, а синей линией все жёлтые цветы. Какие цветы оказались обведены и той, и другой линией?

Выбери в каждой группе предмет, который не подходит к остальным. А какие ещё варианты могут быть? Объясни.

Найди в каждой рамке лишний предмет. Объясни, почему он не подходит. Назови остальные предметы одним словом.

Послушай слова. Определи лишнее слово в каждой группе.

ОКНО, ДВЕРЬ, КРЫША, ЗАБОР.

ЯНВАРЬ, МАРТ, ИЮЛЬ, ВТОРНИК.

ДЛИННЫЙ, ВЕСЁЛЫЙ, УЗКИЙ, КОРОТКИЙ.

ТЕТРАДЬ, БЛОКНОТ, РУЧКА, АЛЬБОМ.

МАМА, СЕСТРА, ДОЧКА, ДЕВОЧКА.

УЛИЦА, ПРОСПЕКТ, ДОМ, ПЕРЕУЛОК.

МОЛОКО, СМЕТАНА, ХЛЕБ, КЕФИР.

ВАНЯ, СЕРЁЖА, СМИРНОВ, АЛЁША.

ЛЕТО, ЗИМА, ОСЕНЬ, АВГУСТ.

КНИГА, ТЕЛЕВИЗОР, РАДИО, МАГНИТОФОН.

ПЛЮС, МИНУС, БУКВА, РАВНО.

КОРАБЛЬ, РЕКА, ОЗЕРО, МОРЕ.

КИСЛЫЙ, ХОЛОДНЫЙ, СЛАДКИЙ, ГОРЬКИЙ.

ЛАСКОВЫЙ, ГЛАДКИЙ, МЯГКИЙ, ПУШИСТЫЙ.

БЕГАТЬ, ПРЫГАТЬ, СПАТЬ, СКАКАТЬ.

ЧИТАТЬ, ПИСАТЬ, СЧИТАТЬ, СТИРАТЬ.

Информация для взрослых

Отрицание — мысленное выявление признака предмета на основе противоположного признака. Предложенные в этом разделе задания помогут детям научиться использовать отрицание для определения признака предмета или выделения группы предметов, не имеющих определенного признака.

Посмотри на схемы. Какие признаки предметов на них обозначены?

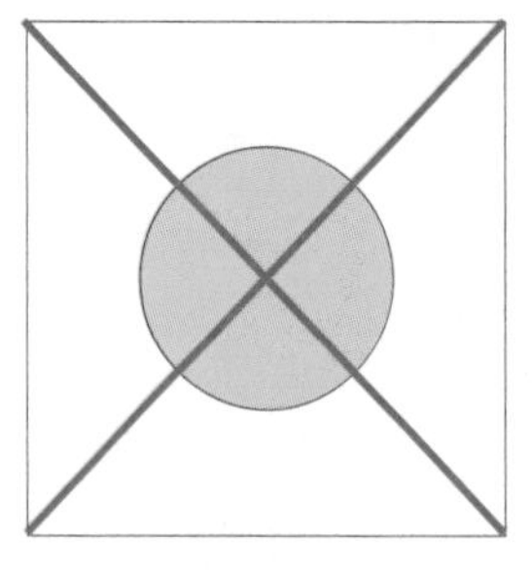

— НЕ КРУГЛЫЙ, А КВАДРАТНЫЙ

— НЕ ВЫСОКИЙ, А НИЗКИЙ

— НЕ КРАСНЫЙ, А СИНИЙ

Догадайся сам, что обозначают эти схемы.

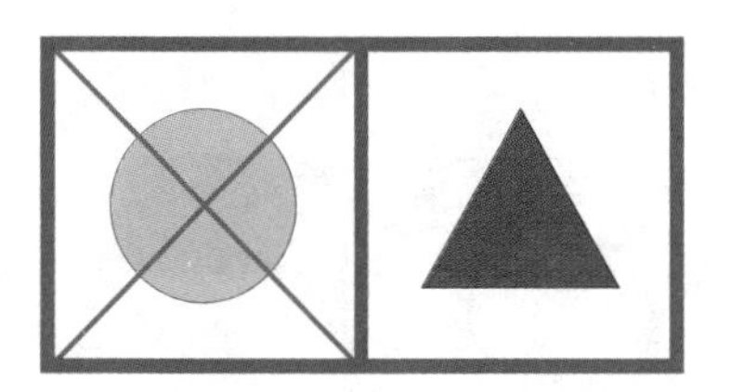

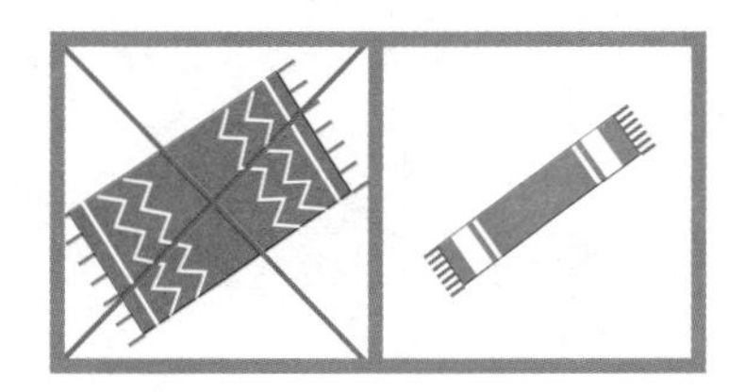

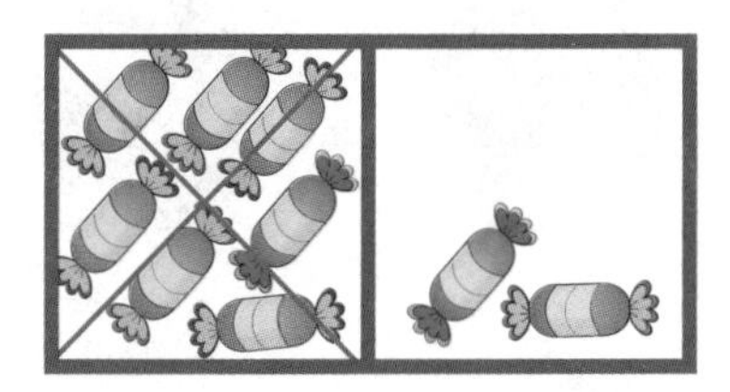

Рассели геометрические фигуры в подходящие для них домики. Проведи стрелки.

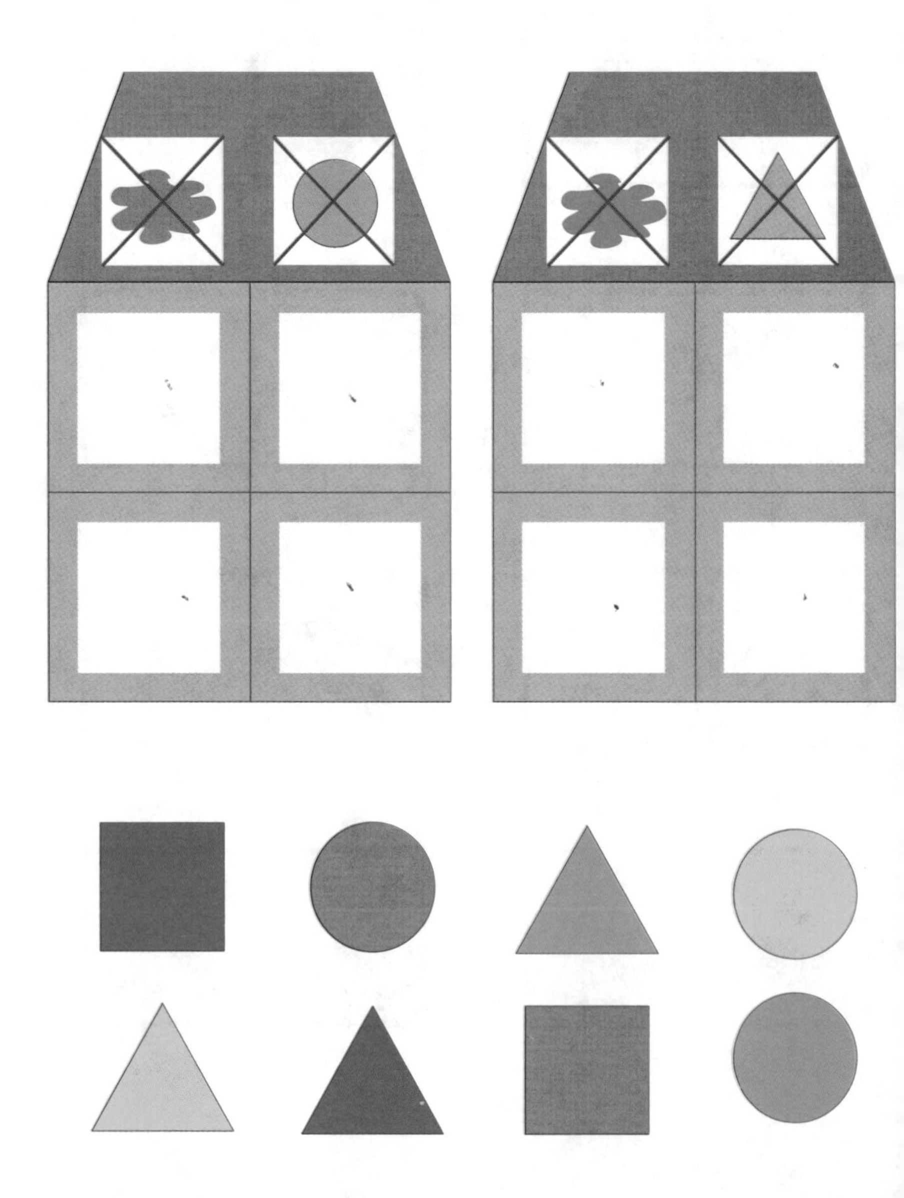

Рассели животных в подходящие для них домики. Проведи стрелки.

Покажи и назови всё, что не красного цвета.

Покажи и назови всё, что не круглое.

Покажи и назови всё, что не относится к растениям.

Покажи и назови всё, что не относится к животным.

Три зайчика — Пушок, Ушастик и Черныш — соревновались по бегу. Покажи на рисунке каждого из этих зайчиков, если Пушок занял не второе и не третье место, а Ушастик не третье.

Жили-были три кота: Мурзик, Тишка и Марсик. Все они разного цвета: рыжий, серый и белый. Мурзик не рыжий и не белый, Тишка не белый. Покажи на рисунке Мурзика, Тишку и Марсика.

Информация для взрослых

Обобщение — процесс мысленного объединения в одну группу предметов и явлений по их основным свойствам. Ребенку старшего дошкольного возраста нужно уметь обобщать предметы, исходя из их существенных признаков, самостоятельно выделяя эти признаки.

В каждом задании нарисованы предметы, которые объединены каким-то общим признаком. Найди общий признак.

ОБРАЗЕЦ

Всё, что здесь изображено, — холодное.

В каждом ряду у зверей есть что-то общее. *(Например, в верхнем ряду — все кошки.)* Попробуй разгадать все ряды (сверху вниз, справа налево, по диагонали).

Чем похожи числа?

7 и 17

36 и 16

24 и 54

27 и 25

20 и 40

Чем похожи слова?

РЕЧЬ
ПЕЧЬ
ТЕЧЬ

КОСА
КОЗА

ДУБ
ЗУБ

КОШКА
КНИГА

МОРЖ
НОЖ

Продолжи перечень слов. Назови общий признак.

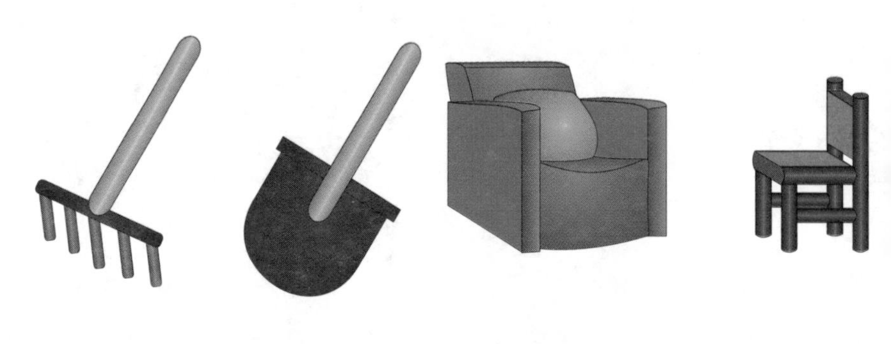

ЛОПАТА, ГРАБЛИ...
КРЕСЛО, СТУЛ...
КУБИКИ, ПИРАМИДКА...
МАГНИТОФОН, УТЮГ...
МАШИНА, АВТОБУС...
ЮБКА, БРЮКИ...
ЯБЛОКО, ГРУША...

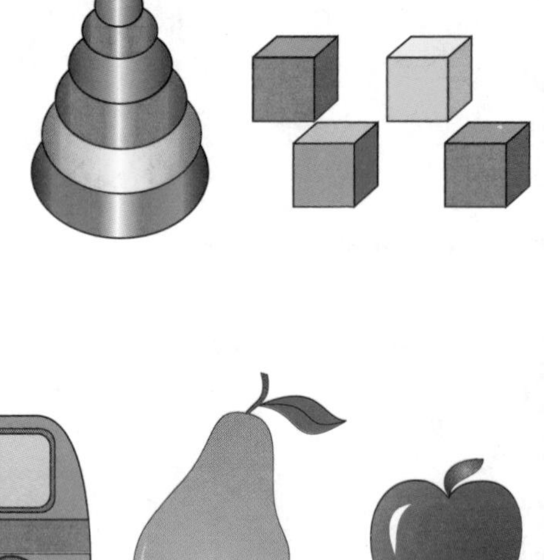

Продолжи перечень слов и назови группу одним словом.

— Россия, Польша...
— Света, Наташа...
— сапоги, туфли...
— синица, голубь...
— заяц, медведь...
— тюльпан, гвоздика...
— берёза, тополь...
— Волга, Кама...
— коньки, лыжи...
— март, январь...
— гнездо, нора...
— синий, красный...
— малина, смородина...
— один, два...
— Венера, Юпитер...
— врач, учитель...
— дождь, град...
— кроссовки, туфли...
— сметана, кефир...
— кекс, пирожное...
— минута, секунда...
— смелый, храбрый...

Найди как можно больше общих признаков для пары предметов.

БЛЮДО
ЛОДКА
МЕЛ

МУКА
МАТРЁШКА
КОНСТРУКТОР

ДЕРЕВО
ДОМ
КАРАНДАШ

УГОЛЬ
СУМКА
ЯЩИК

Информация для взрослых

Систематизация — это процесс выявления закономерности в создании определенной системы, а также определение места предмета или явления в этой системе. Ребенок 5—7 лет может самостоятельно устанавливать простые закономерности и систематизировать предметы и явления. Задания этого раздела помогут малышам потренировать эти навыки.

Выбери из предложенных вариантов подходящую фигуру в пустую клеточку. Объясни свой выбор.

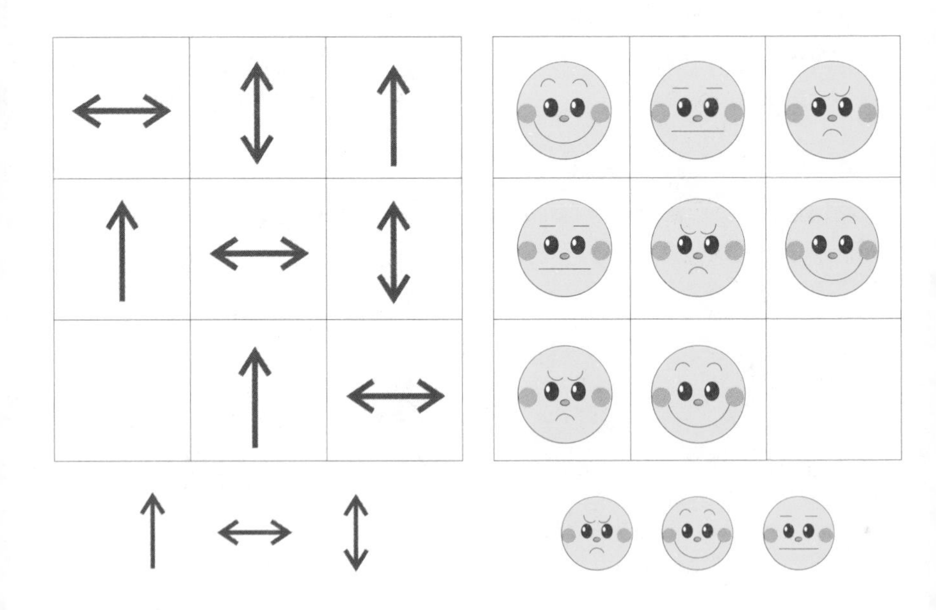

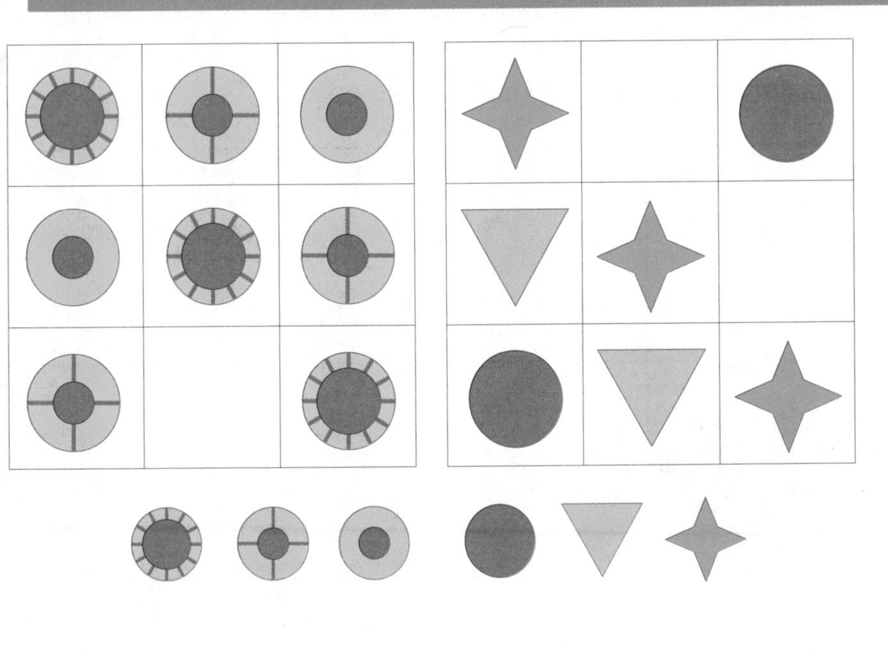

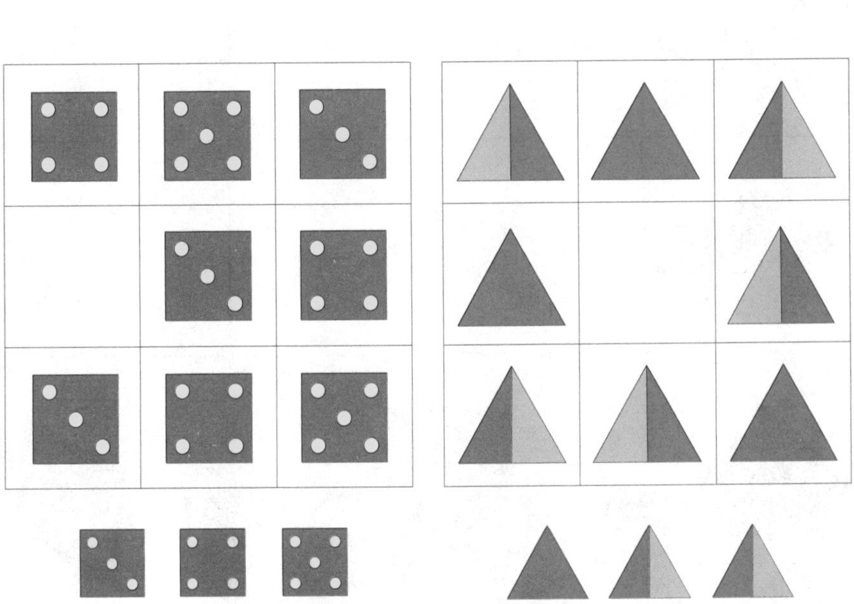

Найди каждому предмету место в пустом «окошке» в соответствии с его цветом и формой.

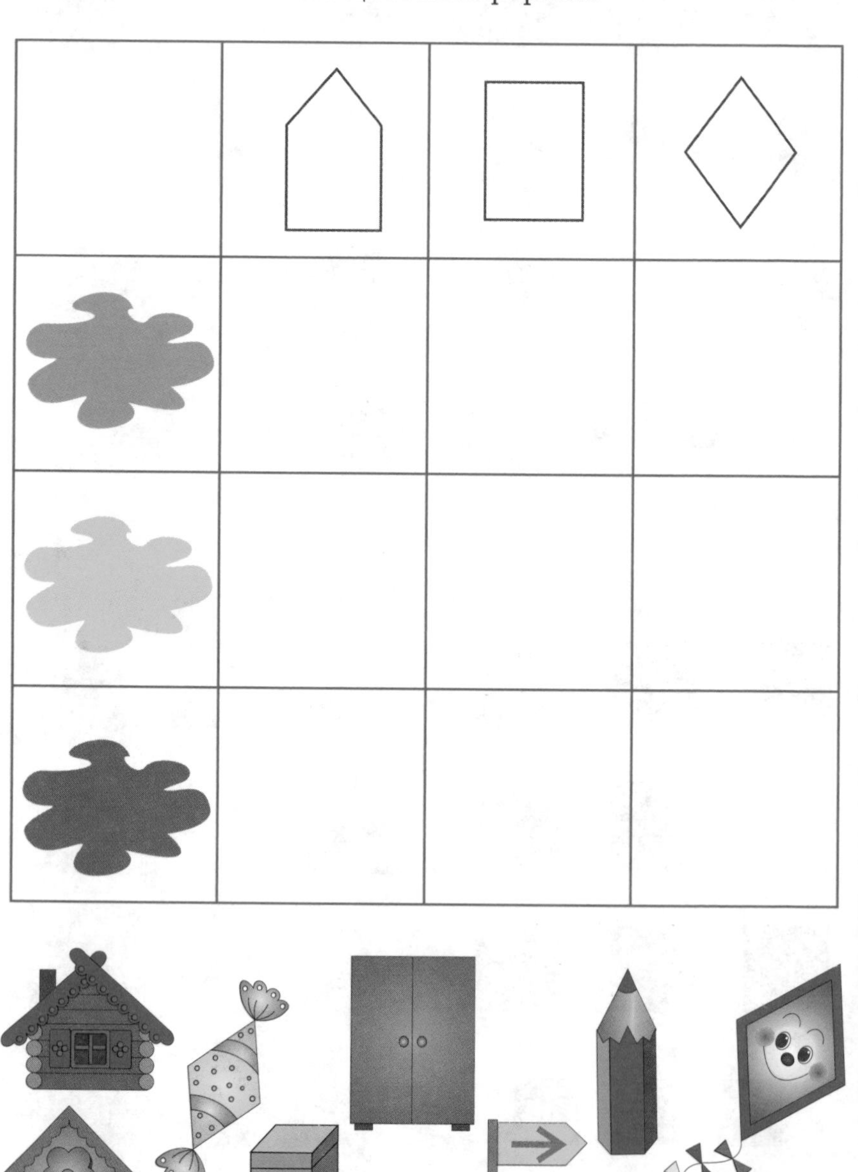

Покажи предмет, который забыли нарисовать в пустой клеточке.

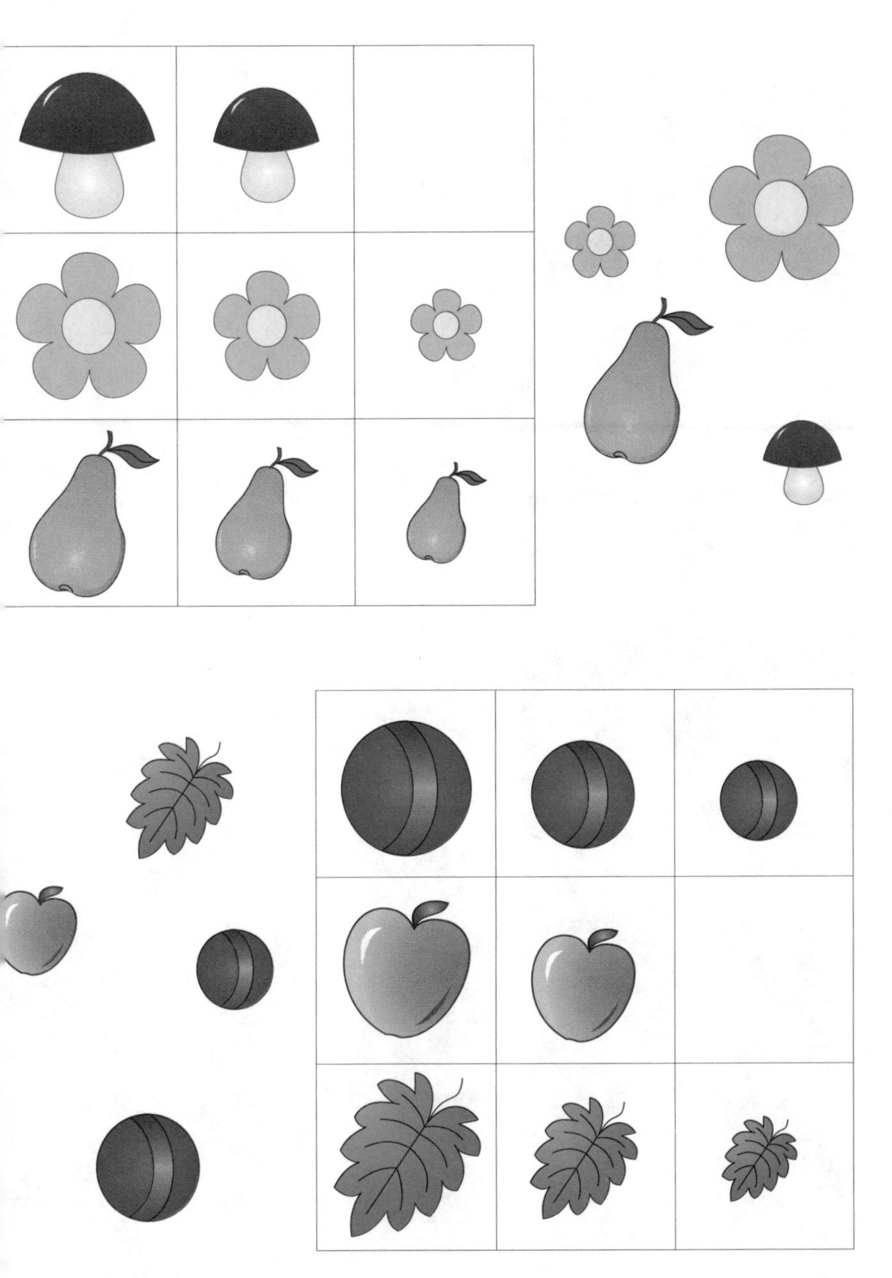

Догадайся, какой из шести предложенных рисунков должен быть в пустой клеточке в каждом из трёх случаев. Объясни, почему.

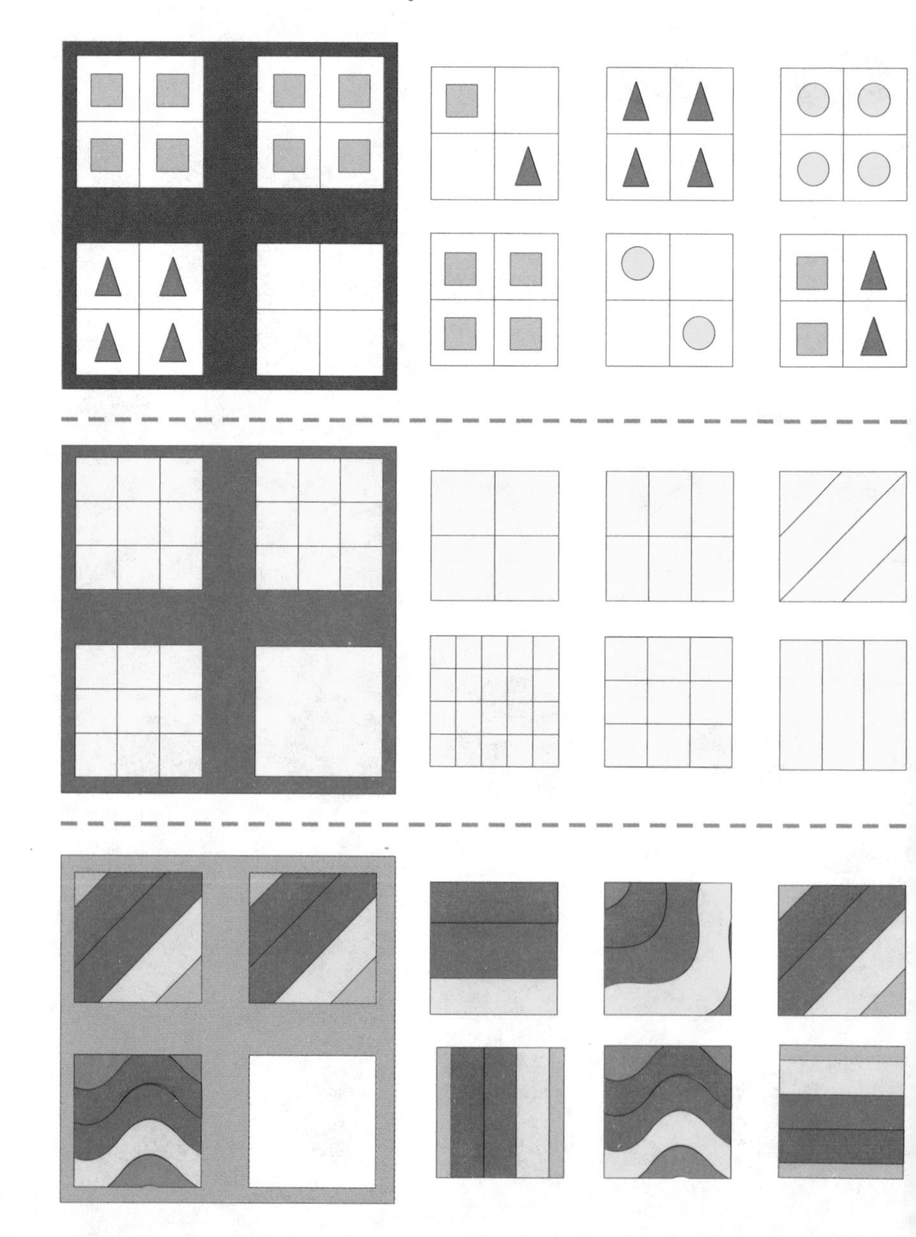

Определи последовательность событий и составь рассказ.

Определи последовательность событий. Расставь цифры в пустых квадратиках.

Информация для взрослых

Умозаключение — одна из логических форм мышления, при помощи которой из одного или нескольких суждений по определенным правилам вывода можно получить заключение.
Ребенок старшего дошкольного возраста может делать простые умозаключения. Эту способность можно развивать при помощи специальных заданий и упражнений.

В каждом явлении существуют положительные и отрицательные моменты. Например, когда идёт дождь, он питает все растения — это хорошо, но плохо то, что под дождём человек может промокнуть, замёрзнуть и простудиться.

Подумай, что хорошее и плохое существует в следующих явлениях:

СНЕГОПАД

ЛИСТОПАД

ПРОСМОТР ТЕЛЕПЕРЕДАЧ

ОТДЫХ НА ПЛЯЖЕ

КУПАНИЕ В РЕКЕ

ПРОГУЛКА ПО ЛЕСУ

Как ты думаешь, какие из этих суждений верные, а какие нет? Объясни, почему.

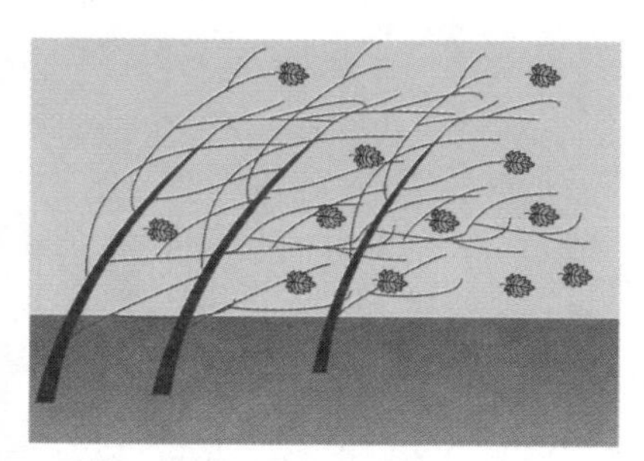

Ветер дует, потому что деревья качаются.

Распустились цветы, поэтому наступило лето.

Если на небе появилась радуга, значит, должен пойти дождь.

Если тротуар мокрый, то прошёл дождь.

Если наступила зима, значит, будут морозы.

Дедушка принёс грибы, потому что был в лесу.

Попробуй правильно закончить мысли.

Например:

Все поэты пишут стихи.

Пушкин писал стихи.

Значит, Пушкин — поэт.

Все рыбы умеют плавать.

Щука — это рыба.

Значит...

Все птицы имеют крылья.

Голубь — это птица.

Значит...

Все дети группы «Солнышко» занимаются шахматами.

Саша посещает группу «Солнышко».

Значит...

Подумай и реши логические задачки. Как ты пришёл к этому решению? О чём подумал сначала? Расскажи ход своих мыслей.

Таня и Лена имеют фамилии Голубева и Лебедева. Какую фамилию носит каждая девочка, если Таня и Голубева ходят в одну школу?

Петя и Алёша играли разными игрушками: машинкой и мячиком. Петя мячиком не играл. Какой игрушкой играл каждый из этих мальчиков? Покажи на рисунке Петю и Алёшу.

Три брата — Коля, Ваня и Толя — учатся в разных классах. Коля старше Вани, а Ваня старше Толи. Кто из детей самый младший, а кто — старший? Покажи на рисунке Колю, Ваню и Толю.

У трёх девочек волосы разной длины. У Марины длиннее, чем у Алёны, у Алёны длиннее, чем у Наташи. У кого из девочек самые длинные волосы, а у кого самые короткие? Покажи на рисунке Марину, Алёну и Наташу.

Как ты думаешь, почему эти задачки называются «лжезагадки»? Можно ли их решить? Если нет, то почему? Попробуй дать на них правильные ответы.

Сколько мёду соберут две бабочки, если у них по одному ведру?

Сколько цыплят вывел петух, если он снёс пять яиц?

На столе лежат два яблока и три груши. Сколько овощей лежит на столе?

Кто быстрее плавает — утенок или цыплёнок?

Кто быстрее долетит до цветка — бабочка или гусеница?

Над лесом летели три рыбки. Две приземлились. Сколько улетело?

Летели два крокодила — один красный, другой — синий. Кто скорее долетит?

Подумай и ответь правильно на эти вопросы. Объясни, почему именно так ты ответил.

Чего в саду больше — фруктовых деревьев или яблонь?

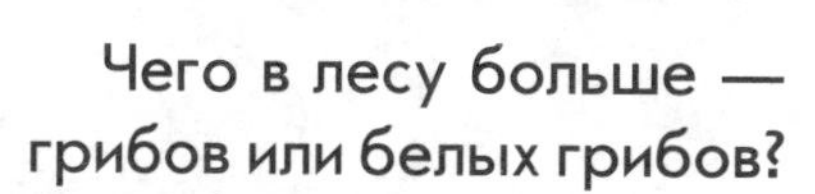

Чего в лесу больше — грибов или белых грибов?

Чего в библиотеке больше — книг или сказок?

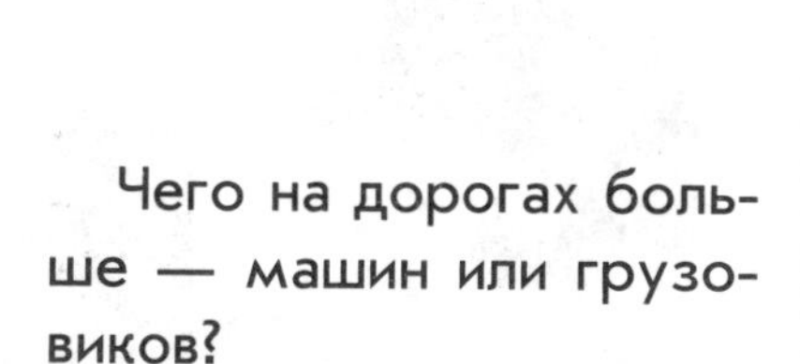

Чего на дорогах больше — машин или грузовиков?

Кого в зоопарке больше — животных или медведей?

Чего в квартире больше — мебели или стульев?

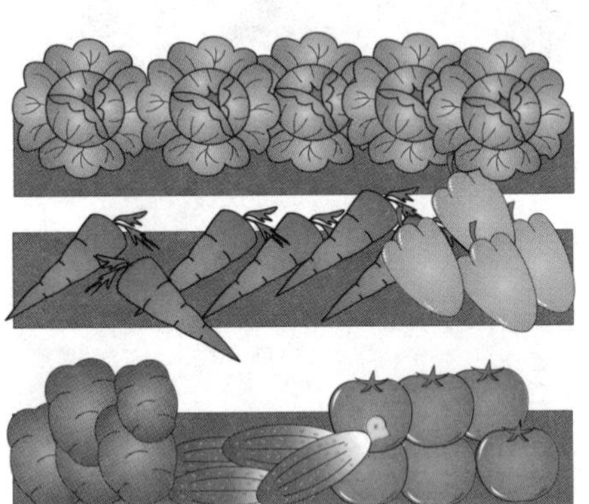

Чего в овощном магазине больше — овощей или картофеля?

Чего на кухне больше — посуды или чашек?

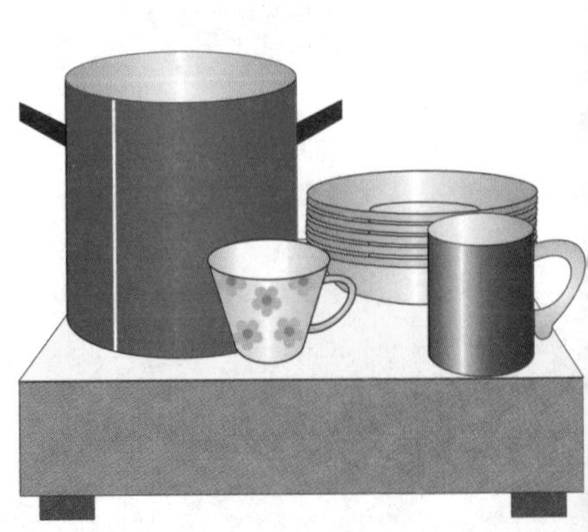

Найди в каждой группе предметы, образующие пару. Объясни, почему ты выбрал именно эти предметы.

Послушай начало предложения и закончи его логически правильно. Объясни, почему именно так ты закончил эту мысль.

Пример:

Если сосна выше ели, то ель ниже сосны.

Если сапоги грязнее туфель, то туфли…

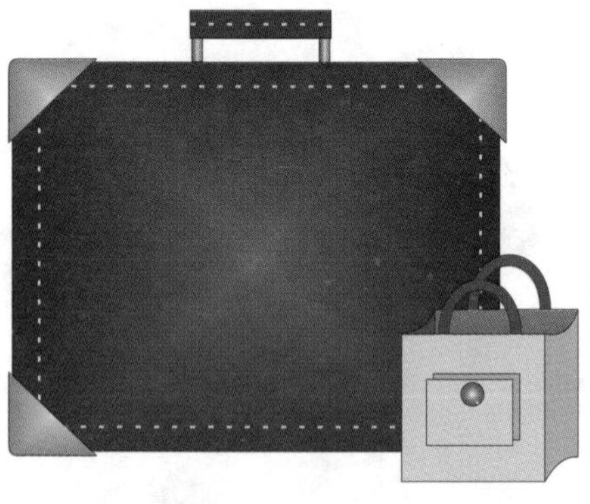

Если чемодан тяжелее сумки, то сумка…

Если самолёт летит быстрее птицы, то птица…

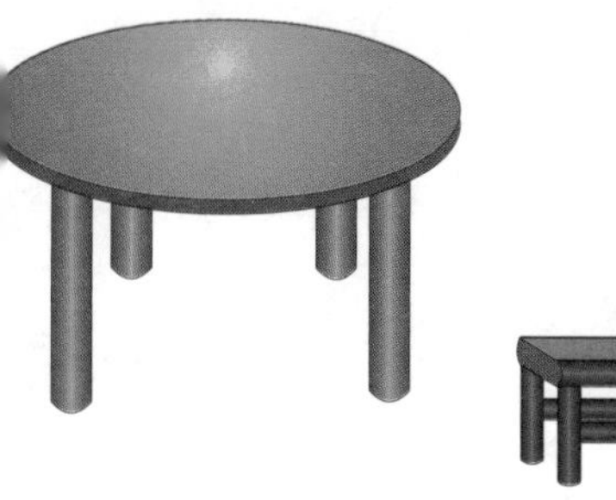

Если стол выше стула, то стул...

Если волк злее зайца, то заяц...

Если берёза тоньше дуба, то дуб...

Если лето теплее зимы, то зима...

Послушай задачки, подумай и реши их.

Девять зайчиков съедают по одной морковке. Сколько нужно морковок, чтобы накормить всех зайчиков?

Свинка купила воздушные шарики и все их раздарила: два шара она подарила зебре и столько же зайцу. Сколько шариков купила свинка?

У Лены в саду было четыре грядки с морковкой и капустой. Грядок с морковкой было больше, чем с капустой. Сколько грядок с морковкой и сколько с капустой было в саду у Лены?

Когда гусь стоит на одной ноге, он весит два килограмма. Сколько будет весить гусь, если он встанет на две ноги?

Две девочки играли в куклы два часа. Сколько часов играла каждая из этих девочек?

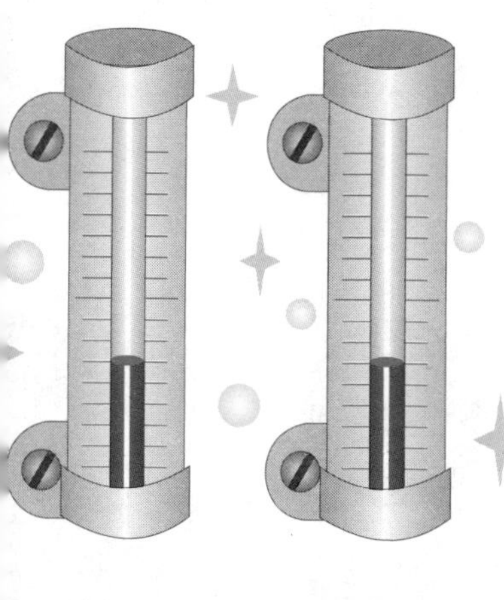

Термометр показывает три градуса мороза. Сколько градусов показывают два таких термометра?

Информация для взрослых

Классификация — это распределение предметов по группам, обычно по существенным признакам. Очень важно правильно выбрать основание классификации. Часто дети ориентируются на второстепенные признаки. Необходимо учить малышей называть группы предметов обобщающими словами или, наоборот, подбирать предметы к обобщающему слову.

Назови каждую группу предметов одним словом. Какие ещё предметы относятся к каждой из этих групп?

Послушай слова, раздели их на группы, дай название каждой группе слов.

✓ Лилия, лиственница, ананас, роза, берёза, яблоко, василёк, лимон, колокольчик.

✓ Понедельник, весна, утро, январь, вечер, воскресенье, март, ночь, апрель, июль, суббота.

✓ Комар, кот, ворона, щука, муха, лиса, собака, окунь, муравей, лошадь.

✓ Земляника, подберёзовик, лисичка, помидор, смородина, картофель, рыжик, малина, репа, черника, редис,

Светлова И. Е.
С 24 Логика / Ил. Е. В. Мельниковой. — М.: Эксмо, 2010. — 64 с.: ил.

ББК 74.102

ISBN 978-5-699-06002-3

Светлова Инна Евгеньевна

ЛОГИКА

Пособие для развивающего обучения, осуществляемого родителями, воспитателями детских дошкольных учреждений, учителями

Ответственный редактор *Л. Кондрашова*
Художественный редактор *Б. Волков*
Художник *Е. Мельникова*
Технический редактор *О. Кистерская*
Компьютерная верстка *Г. Дегтяренко*
Корректор *З. Харитонова*

ООО «Издательство «Эксмо»
127299, Москва, ул. Клары Цеткин, д. 18/5. Тел. 411-68-86, 956-39-21.
Home page: **www.eksmo.ru** E-mail: **info@eksmo.ru**

Оптовая торговля книгами «Эксмо»:
ООО «ТД «Эксмо». 142702, Московская обл., Ленинский р-н, г. Видное, Белокаменное ш., д. 1, многоканальный тел. 411-50-74.
E-mail: **reception@eksmo-sale.ru**

По вопросам приобретения книг «Эксмо» зарубежными оптовыми покупателями *обращаться в отдел зарубежных продаж ТД «Эксмо»*
E-mail: **international@eksmo-sale.ru**

International Sales: *International wholesale customers should contact Foreign Sales Department of Trading House «Eksmo» for their orders.*
international@eksmo-sale.ru

По вопросам заказа книг корпоративным клиентам, в том числе в специальном оформлении, *обращаться по тел. 411-68-59 доб. 2115, 2117, 2118.*
E-mail: **vipzakaz@eksmo.ru**

Оптовая торговля бумажно-беловыми и канцелярскими товарами для школы и офиса «Канц-Эксмо»: Компания «Канц-Эксмо»: 142700, Московская обл., Ленинский р-н, г. Видное-2, Белокаменное ш., д. 1, а/я 5. Тел./факс +7 (495) 745-28-87 (многоканальный). e-mail: **kanc@eksmo-sale.ru**, сайт: **www.kanc-eksmo.ru**

Полный ассортимент книг издательства «Эксмо» для оптовых покупателей:
В Санкт-Петербурге: ООО СЗКО, пр-т Обуховской Обороны, д. 84Е. Тел. (812) 365-46-03/04. **В Нижнем Новгороде:** ООО ТД «Эксмо НН», ул. Маршала Воронова, д. 3. Тел. (8312) 72-36-70. **В Казани:** Филиал ООО «РДЦ-Самара», ул. Фрезерная, д. 5. Тел. (843) 570-40-45/46. **В Самаре:** ООО «РДЦ-Самара», пр-т Кирова, д. 75/1, литера «Е». Тел. (846) 269-66-70. **В Ростове-на-Дону:** ООО «РДЦ-Ростов», пр. Стачки, 243А. Тел. (863) 220-19-34. **В Екатеринбурге:** ООО «РДЦ-Екатеринбург», ул. Прибалтийская, д. 24а. Тел. (343) 378-49-45. **В Киеве:** ООО «РДЦ Эксмо-Украина», Московский пр-т, д. 9. Тел./факс (044) 495-79-80/81. **Во Львове:** ТП ООО «Эксмо-Запад», ул. Бузкова, д. 2. Тел./факс: (032) 245-00-19. **В Симферополе:** ООО «Эксмо-Крым», ул. Киевская, д. 153. Тел./факс (0652) 22-90-03, 54-32-99. **В Казахстане:** ТОО «РДЦ-Алматы», ул. Домбровского, д. 3а. Тел./факс (727) 251-59-90/91. rdc-almaty@mail.ru

Подписано в печать 27.11.2009.
Формат 60×90 $^1/_{16}$. Гарнитура «Журнальная». Печать офсетная. Бум. офс. Усл. печ. л. 4,0
Доп. тираж 4000 экз. Заказ № 2983.

Отпечатано с электронных носителей издательства.
ОАО "Тверской полиграфический комбинат", 170024, г. Тверь, пр-т Ленина, 5.
Телефон: (4822) 44-52-03, 44-50-34, Телефон/факс: (4822) 44-42-15
Home page - www.tverpk.ru Электронная почта (E-mail) - sales@tverpk.ru

ISBN 978-5-699-06002-3

9 785699 060023 >